Die Weltmeisterschaft in Katar 2022

original story:
Jennifer Degenhardt

translation:
Julie Young

editing:
Brigitte Kahn

cover art:
L-Moment

For all of the workers who create the infrastructure for events like the World Cup, this book is for you.

INHALT

DANKE

Almost all of my stories are written in Spanish first and then translated to and adapted for other languages. Julie Young helped me with both. Julie works very closely with Brigitte Kahn for editing of the work. This dynamic duo works together with such regularity that they probably can finish each other's sentences. (Pun intended.) For someone who wants to have more books in German, but who doesn't read a word, I am truly grateful for their help and expertise. Furthermore, they are both wonderful language teachers in their own right, so they completely understand the mission and purpose of books like these. *Danke*, Julie and Brigitte!

Also, thank you to L-Moment who, at the time of creating the artwork, was a student at Portsmouth High School in New Hampshire. L-Moment has since matriculated as a a first-year college student.

Karte des Nahen Ostens

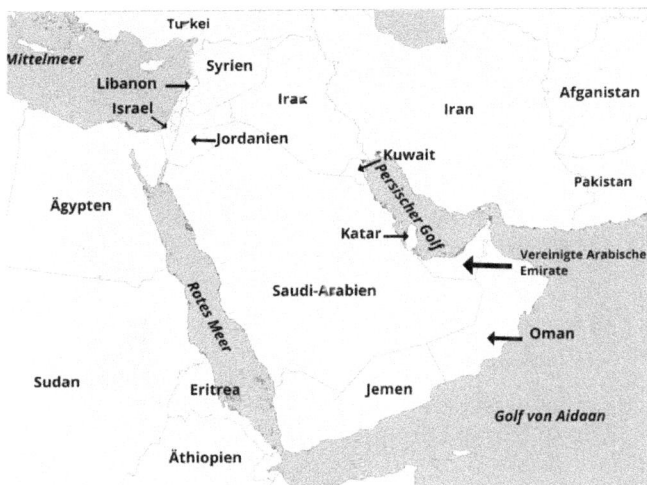

Global denken, lokal handeln.
Think globally, act locally.

Karte von Katar

Vorwort

Deutschland vor!

Der Moderator: Havertz schießt ein Tor in der 50. Werner schießt zwei Tore, eines in der 70. und das andere in der 73. Und Musiala schießt ein Tor in der 83. Mit diesen vier Toren wird Deutschland zur Weltmeisterschaft fahren!

Emily und Max schreien: Deutschland vor! Ole, ole, ole, super Deutschland, ole!!

*****

Der Moderator: Es ist das Ende des Spiels und der Endstand ist 4:0 für Deutschland gegen Nord-Mazedonien. Deutschland qualifiziert sich für die Weltmeisterschaft, die 2022 in Katar stattfinden wird. Herzlichen Glückwunsch an die deutsche Mannschaft!

*****

Mit dem Tor von Musiala in der 83. Minute im Spiel gegen Nord-Mazedonien qualifiziert sich Deutschland für die Fußballweltmeisterschaft.

Interessante Fakten über die WM 2022 in Katar:

- Es ist die erste Fußballweltmeisterschaft, die im Winter in der nördlichen Hemisphäre stattfindet.
- Es ist die erste Fußballweltmeisterschaft im Nahen Osten in einem muslimischen Land.
- Es ist die teuerste Fußballweltmeisterschaft aller Zeiten.
- Alle Spiele finden in nur acht Stadien statt.
- Die Fans können mit der U-Bahn von einem Stadion zum anderen fahren.
- Die Stadien sind klimatisiert.
- Es gibt Hotels in Doha, der Hauptstadt, für die Fans.
- Ein großer Teil der Infrastruktur (Hotels, U-Bahn usw.) ist neu.

GRUPPE A

 KATAR

 ECUADOR

 SENEGAL

 NIEDERLANDE

GRUPPE B

 ENGLAND

 IRAN

 USA

 WALES

GRUPPE C

 ARGENTINIEN

 SAUDI-ARABIEN

 MEXIKO

 POLEN

GRUPPE D

 FRANKREICH

 AUSTRALIEN

 DÄNEMARK

 TUNESIEN

GRUPPE E

 SPANIEN

 COSTA RICA

 DEUTSCHLAND

 JAPAN

GRUPPE F

 BELGIEN

 KANADA

 MAROKKO

 KROATIEN

GRUPPE G

 BRASILIEN

 SERBIEN

 SCHWEIZ

 KAMERUN

GRUPPE H

 PORTUGAL

 GHANA

 URUGUAY

 SÜDKOREA

Kapitel 1
Die Erinnerung[1]

Es ist zwei Uhr nachmittags. Die Familie Müller sitzt am Tisch.

„Papa, Mama, ich habe Hunger!", sagt Max.

„Du hast immer Hunger!", sagt sein Vater.

Max hat den Namen seines Großvaters. Max ist ein zwölf (12) Jahre alter Junge.

Max' Schwester kommt endlich zum Tisch. Sie kommt immer zu spät. Seine Schwester heißt Emily. Sie ist auch zwölf (12) Jahre alt. Sie hat den Namen ihrer Großmutter.

Ja, sie sind gleich alt und haben denselben Geburtstag. Max und Emily sind Zwillinge. Der Geburtstag von Max und Emily ist immer ein tolles Ereignis[2], aber dieses Jahr wird es noch viel schöner.

„Was hat Miranda zum Mittagessen gemacht?", fragt Emily.

---

[1] Erinnerung : memory
[2] Ereignis: event

„Miranda hat Schnitzel gemacht", sagt ihre Mutter.

„Ich liebe ihre Schnitzel!", ruft Emily.

Alle essen. Die Familie spricht über ihren Tag: die Zwillinge sprechen über die Schule, Mutter über ihre Arbeit bei der Stadtverwaltung[3] von München und Vater über seine Arbeit. Vater hat viele Sportgeschäfte in München und in anderen Teilen Deutschlands. Die Geschäfte heißen SportScheck. Sie sind sehr beliebt.

„Barbara, hast du heute Abend ein Treffen[4]?", fragt Vater die Mutter.

„Ja, wir werden über einen Plan gegen Rassismus und Xenophobie sprechen", antwortet Mutter.

„Ich weiß, was Rassismus ist. Aber, Xeno...? Was ist das?", fragt Max.

„Xenophobie ist die Angst vor Ausländern", erklärt Mutter.

---

[3] Stadtverwaltung: city government
[4] Treffen: meeting

„Oh, wie die Menschen in Stuttgart oder Berlin? Ha, ha", sagt Max.

„Max, du Clown. Du hast keine Ahnung. Ausländer. Aus anderen Ländern", sagt Emily.

„Max, wie viele Menschen, die in meinen Geschäften arbeiten", sagt Vater.

„Wie Naoum und Farid? Wer hat Angst vor ihnen? Sie sind nett…"

„Nicht jeder ist so nett wie du, Max", sagt Mutter lächelnd.

„Papa, werden wir zur WM fahren? Du hast gesagt, dass…"

Vater sagt nichts und schaut ihre Mutter an.

Schließlich sagt er: „Zuerst müsst ihr ein bisschen recherchieren."

„Hausaufgaben?", fragt Max.

„Ja", antwortet Vater.

Emily weiß, dass ihr Bruder manchmal seine Hausaufgaben nicht gerne macht. Sie will ihm helfen.

„Arbeiten wir zusammen?", fragt Emily.

„Ja und nein. Ich gebe euch morgen eure Hausaufgaben", antwortet Vater.

Kapitel 2
Die Schnitzeljagd

„Hallo Papa, hallo Mama. Hallo, Miranda", sagt Max.

Max geht zum Tisch und setzt sich. Er isst ein Marmeladenbrot, bevor er zur Schule geht. Seine Eltern sitzen mit Toastbrot und Milchkaffee am Tisch.

Max fragt seinen Vater:

„Was sind unsere Hausaufgaben, Papa?"

„Wir warten auf deine Schwester", sagt sein Vater.

„Emily!", ruft Max.

„Max!", sagt seine Mutter. „Schrei nicht so!"

In diesem Moment kommt Emily zum Tisch. Emily kommt immer zu spät.

„Emily, Papa gibt uns unsere Hausaufgaben."

Emily ist immer noch müde.

„Welche Hausaufgaben?"

„Die Recherche, die wir für die Weltmeisterschaft machen müssen", sagt Max.

„Die Weltmeisterschaft findet in Katar statt, oder?", fragt Emily.

„Ja", sagt ihr Papa. „Und wisst ihr, wo Katar liegt?"

Die Zwillinge sehen sich an und sagen nichts.

„Deshalb müsst ihr diese Recherche machen", sagt Mutter.

„Ihr könnt nicht zur Weltmeisterschaft gehen, wenn ihr nicht wisst, wo es liegt."

„Ich werde jetzt suchen", sagt Max und holt sein Handy heraus.

„Hmm!", sagt Emily. „Handy am Tisch? Ah, nein."

Die Familie isst weiter. Schließlich holt der Vater Papier heraus und sagt: „Hier sind eure Hausaufgaben."

Er gibt jedem Zwilling eine Rolle.

Emily
- Wo ist Katar?
- Jahr der Unabhängigkeit
- Einwohnerzahl
- Fläche
- Anzahl der Einwohner
  pro Quadratkilometer
- Wirtschaft
- Klima im Sommer

Max

- Sprache(n)
- Religion
- Flagge (Farben)
- Hauptstadt
- Einwohnerzahl der
  Hauptstadt
- beliebteste Sportarten
- Währung

Ihre Mutter sagt: „Macht heute eure Recherche. Wir werden morgen über diese "Hausaufgaben" sprechen."

Max schaut sich seine und Emilys Liste an.

„Papa, ist das eine Schnitzeljagd? Ist es ein Wettbewerb?"

„Es ist eine Schnitzeljagd, aber es ist kein Wettbewerb", sagt sein Vater.

„Sollten wir nicht nach denselben Informationen suchen?", fragt Max.

„Es gibt viele Informationen zu suchen", sagt Vater.

Die Zwillinge schauen auf ihr Papier. Sie schauen es an, aber sie sagen nichts.

Vater fragt Mutter: „Barbara, Farid und Naoum sagen mir, dass es in ihrem Viertel[5] Probleme gibt. Es gibt Armut[6] und auch Probleme mit der Heizung[7]. Und der Winter kommt..."

---

[5] Viertel: neighborhood
[6] Armut: poverty
[7] Heizung: heating

„Das stimmt, Christian. Die Menschen in diesen Vierteln haben viele Probleme. Wir werden darüber sprechen."

"Gut. Du machst eine sehr wichtige Arbeit. Ich bin stolz auf dich."

„Danke."

„Wenn ich dir helfen kann …"

„Ich sage dir Bescheid[8]. Danke", sagt Mutter.

„OK, los! Es ist Zeit, in die Schule zu gehen."

---

[8] Ich sage dir Bescheid: I will let you know

Kapitel 3
Die Recherche, Teil 1

Max ist in seiner Lieblingsklasse: Sozialkunde. Er interessiert sich für Geografie und Menschen.

Die Lehrerin hat ein Wort an die Tafel geschrieben.

Xenophobie

„Wer kennt die Bedeutung dieses Wortes?"

Ein Junge, der Klassenclown, sagt: „Das ist ein Instrument."

Max ist von dem Jungen genervt. „Nein, Clown, das Instrument ist ein Xylophon", sagt Max.

Der Junge ist ein Clown, aber er ist auch ein bisschen gemein.

Max sagt: „Das ist die Angst vor Ausländern."

„Ja, Max. Woher kennst du dieses Wort?"

"Wir haben gestern Abend mit meinen Eltern über Xenophobie gesprochen."

„Okay? Warum?", fragt die Lehrerin.

„Meine Mutter arbeitet im Rathaus und sie hat dort ein Treffen zum Thema Xenophobie."

„Gut. Heute werden wir über diese Realität und das Problem hier in München sprechen."

Max macht gerne bei der Diskussion mit. Sie sprechen über Xenophobie in Deutschland. Sie sprechen über Türken und Syrer, die in verschiedenen Vierteln von München leben.

Der gemeine Junge sagt: „Diese Menschen gehören nicht hierher. Sie sind keine Deutschen."

Die Diskussion wird dann zu einer Debatte.

*****

Max ist vor der Schule. Er muss zu Fuß zum Geschäft seines Vaters gehen, um ihm zu helfen, aber er will seine Recherche über Katar beenden. Er will zur Weltmeisterschaft gehen!

Er sucht nach Informationen über die beliebtesten Sportarten, die Hauptstadt und die Währung von Katar, als der gemeine Junge zu ihm sagt:

„Das ist der intelligenteste Schüler in der Klasse."

Max antwortet nicht. In diesem Moment bekommt er eine SMS auf seinem Handy. Sie ist von seinem Freund Saïd, dem Sohn von Farid.

Gehst du zum Geschäft?

Max will antworten, als der Junge ruft:

„Wer ist Saïd? Hast du einen Freund, der Saïd heißt?"

„Und was ist das Problem?", fragt Max.

„Er muss ein Einwanderer sein. Das ist kein deutscher Name", sagt der Junge.

„Und warum sollte das ein Problem sein? Meine Mutter ist auch keine Deutsche. Das ist kein Problem", sagt er.

Bevor Max geht, sagt er zu dem Jungen: "Weißt du was? Du musst denken, bevor du sprichst. Und ja, ich habe einen Freund namens Saïd. Wir sind sehr lange befreundet. Wir spielen zusammen Fußball."

Max geht dann zum SportScheck-Geschäft von seinem Vater.

Kapitel 4
Was habt ihr gelernt? Teil 1

Emily ist die Erste am Tisch, weil sie Hunger hat.

„Was hat Miranda zum Mittagessen gekocht?", fragt Emily.

Miranda kocht sehr gut. Sie hat Schweinebraten gekocht. Emily ist glücklich, denn sie mag Schweinebraten.

Max kommt zum Tisch.

„Schweinebraten! Lecker!"

Vater fragt die Kinder: „Was ist mit den Hausaufgaben?"

„Ich bin fertig", sagt Emily.

„Ich auch", sagt Max.

„Und jetzt, wo wir fertig sind, fahren wir nach Katar, um die WM zu sehen?"

„Ja, Papa. Wir sind mit der Recherche fertig. Gehen wir nach Doha?", fragt Emily.

„Moment, was habt ihr herausgefunden?",
fragt ihr Vater.

Die Zwillinge sprechen mit ihren Eltern
über all die Informationen, die sie über
Katar haben. Sie haben Informationen über
die Bevölkerung, die Religion, die
Währung, das geografische Gebiet, die
Flagge, das Klima und Informationen über
die Wirtschaft.

„Ich würde die WM gerne im Sommer
sehen", sagt Max. „Wenn man keine Schule
hat."

„Aber das Turnier ist dieses Jahr in Katar,
und normalerweise ist es im Juli und im
August über 40 Grad heiß", sagt Emily.

„Ich spiele gerne Fußball, aber ich würde
nicht spielen wollen, wenn es so heiß ist",
sagt Max.

„Was wisst ihr noch über die
Weltmeisterschaft in Katar?", fragt ihre
Mutter.

Max und Emily sehen sich an.

„Es ist ein Fußballturnier, das alle vier Jahre stattfindet", sagt Emily.

„Und dieses Jahr nimmt Deutschland teil und wird gewinnen!", sagt Max.

„Deshalb sollten wir hingehen", sagt Emily.

„Emily hat recht!", sagt Max.

„Wartet ab. Ihr müsst mehr recherchieren", sagt ihre Mutter.

„Noch mehr Hausaufgaben?", fragt Max.

„Wird das wie eine Schnitzeljagd?", fragt Emily.

„Und dieses Mal müsst ihr an diese Frage denken: Bei all den Informationen, die ihr über die WM in Katar habt, wollt ihr nach Katar?"

„Max und ich müssen für diese Reise arbeiten, oder?", fragt Emily.

„Arbeiten? Nein. Etwas lernen? Ja.", sagt ihr Vater.

Nach dem Essen räumen die Zwillinge den Tisch ab und spülen das Geschirr[9]. Max räumt ab, und Emily spült das Geschirr.

Max' Vater sagt zu ihm: „Willst du heute Nachmittag mit mir ins Geschäft gehen? Dort gibt es einen neuen Fernseher mit großem Bildschirm."

„Ja, Papa. Darf ich Saïd einladen?", fragt Max.

„Saïd ist da. Farid arbeitet den ganzen Tag im Geschäft", sagt sein Vater.

„Alles klar!", sagt Max.

„Max, du und Saïd, ihr seid gute Freunde, oder?", fragt seine Mutter.

„Mama, ich kenne Saïd seit vielen Jahren. Als wir klein waren, haben wir immer zusammen im Geschäft gespielt. Er ist wie ein Bruder für mich", sagt Max.

Max räumt in der Küche das Geschirr weg. Er sagt zu seiner Schwester:

---

[9] spülen das Geschirr: wash the dishes

„Emily, willst du mit mir an der Recherche arbeiten?"

„Ja, das wird schneller gehen. Warum hat Papa uns "Hausaufgaben" für diese Reise gegeben?", fragt Emily.

„Ich habe keine Ahnung. Aber wir werden sie schnell fertig machen, und dann geht es nach Katar!", sagt Max und tanzt.

„Du bist ein Clown. Hilf mir mit dem Geschirr."

„Hilf mir mit dem Geschirr!", sagt Max und äfft[10] seine Schwester nach.

„Clown!", sagt Emily.

---

[10] äfft...nach: imitates

Kapitel 5
Die Recherche, Teil II

Emily
- Unabhängigkeit
- Demografien
  (Informationen über die
  Bevölkerung und die
  Bevölkerungsgruppen)
- Fläche (Vergleich mit
  Deutschland)
- Wirtschaft (Vergleich mit
  München und/oder
  Deutschland)
- Klima im Winter

Max

- Flagge (Bedeutung)
- Hauptstadt
- Einwohnerzahl in der
  Hauptstadt
- Sport in früheren Zeiten
- Währung (Wechselkurs*
  mit Euro vergleichen)

**Wechselkurs: foreign exchange rate.

Es ist Nachmittag. Max und Emily haben keine Hausaufgaben für die Schule, aber sie haben Hausaufgaben von ihren Eltern. Die Zwillinge schauen auf ihr Papier. Sie brauchen die Informationen aus dem ersten Teil der Recherche.

„Ooh!", sagt Emily. Wir müssen Mathe machen."

Max mag Mathe nicht.

„Wie?", fragt Max.

„Wir müssen Prozentsätze für die Bevölkerung haben und Berechnungen machen, um die Währungen zu vergleichen", sagt Emily.

„Wenn wir zusammenarbeiten, werden wir schneller fertig", sagt Max. „Ich suche die Informationen, und du machst die Berechnungen, okay?"

„Ich helfe dir bei der Suche. Was musst du suchen?", fragt Emily.

Emily schaut sich Max' Liste an und sagt:

„Du recherchierst über die Hauptstadt, den Sport und die Währung."

„Die Hauptstadt heißt Doha", sagt Max. „Und die Währung ist der katarische Riyal."

„Aber wie sieht Doha aus? Wir brauchen mehr Informationen", sagt Emily.

„Was willst du recherchieren?", fragt Max und schaut sich die Liste seiner Schwester an.

„Ich werde über die Unabhängigkeit recherchieren. Katar ist erst seit ein paar Jahren ein unabhängiges Land. Erst seit 1971", sagt Emily. „Ich werde auch über die Demografie und die Wirtschaft recherchieren."

„Das interessiert mich nicht", sagt Max.

„Aber ich finde es interessant", antwortet Emily.

Die Zwillinge verbringen eine Stunde auf ihren iPads, um über Katar zu recherchieren.

Max lernt, dass die Mehrheit der Bevölkerung Katars in der Hauptstadt Doha lebt.

Emily lernt, dass Katar fast drei Millionen Einwohner hat, aber dass nur 10% aus Katar stammen.

Max lernt, dass die Sportarten von früher ganz anders waren. Es waren Pferderennen, Kamelrennen und die Falknerei.

Emily lernt, dass die Wirtschaft auf Erdöl und Erdgas basiert.

„Emily, früher waren die Sportarten Kamelrennen und Falknerei."

„Was ist Falknerei?", fragt Emily.

„Ich weiß es nicht."

„Das interessiert mich."

„Das interessiert mich auch."

Max sucht auf seinem iPad nach Informationen über die Falknerei.

„Max, hast du gewusst, dass nur 10% der Einwohner Katars aus Katar stammen?", fragt Emily.

„Woher kommen die anderen 90%?", fragt Max.

„Ich weiß es nicht", sagt Emily.

„Suche nach Informationen! Das interessiert mich."

„Das interessiert mich auch."

Emily sucht nach Informationen über die Demografie von Katar. Die Zwillinge interessieren sich so sehr für die Recherche, dass die Zeit schnell vergeht.

Kapitel 6
Was habt ihr gelernt? Teil II

„Max! Emily! Wir essen!", ruft ihr Vater.

Es ist sechs Uhr abends. Es ist Zeit für das Abendessen. Max und Emily haben über drei Stunden lang recherchiert. Jetzt haben sie Hunger. Sie kommen in die Küche.

„Papa, weißt du, was Falknerei ist?", fragt Max.

„Ja, das weiß ich. Was hast du über die Falknerei gelernt?

„Das ist die Jagd mit einem Falken", sagt Max.

„Ja", sagt Emily. „Das war ein alter Sport in Katar."

„Heute sind die beliebten Sportarten Fußball, Golf, Tennis und Cricket", sagt Max.

Zum Abendessen gibt es Lamm. Lecker! Ihre Eltern haben Fragen für die Zwillinge.

„Was wisst ihr über die Einwohner?", fragt ihr Vater.

„Die Mehrheit der Einwohner von Katar stammt nicht aus Katar", sagt Emily. „Die Einwohner kommen aus Indien, Bangladesch, Nepal und anderen Ländern."

„Das ist interessant, oder?", sagt ihre Mutter. „Es gibt viele Migranten im Land."

"Gibt es in Deutschland viele Migranten?", fragt Max.

„Ja, es gibt viele Migranten hier in Deutschland", sagt ihr Vater.

„Warum?", fragt Emily.

„Es gibt Migranten auf der ganzen Welt. Normalerweise wandern die Leute nach Deutschland ein, um ein besseres Leben zu haben", sagt ihre Mutter.

„Wie Farid und Naoum?", fragt Max.

„Genauso ist es", sagt ihr Vater. „Naoum kommt aus Tunesien und Farid aus Algerien."

„Ich weiß, Papa", sagt Max. "Wir sprechen oft darüber."

„Es ist wichtig, das zu wissen. Die Migranten in Deutschland beteiligen sich[11] an der Wirtschaft und fördern die kulturelle Vielfalt[12]", sagt ihr Vater.

„Aber viele Leute akzeptieren sie nicht wirklich", sagt Emily.

„Ein paar Leute, ja. Deshalb haben wir in der Stadtverwaltung einen Plan zur Verhinderung[13] von Rassismus und Xenophobie."

Die Familie isst. Alle sind still.

Schließlich sagt Max: „Ich verstehe nicht."

„Was verstehst du nicht, Max?", fragt sein Vater.

„Ich verstehe nicht, warum die Leute die Migranten nicht wirklich akzeptieren. Sie sind gute Menschen."

---

[11] beteiligen sich: take part in
[12] kulturellen Vielfalt: cultural diversity
[13] Verhinderung: prevention

„Das stimmt", sagt Emily. „Ich verstehe es auch nicht."

Kapitel 7
Die Zahlen

Am nächsten Tag will Emily mehr Informationen über Katar finden.

Sie will mehr über die Menschen in Katar lernen.

Emily will wissen, warum viele Menschen nach Katar einwandern.

Max kommt in die Küche. Emily arbeitet an ihrem iPad.

„Ich werde ein Fußballspiel ansehen. Willst du es mit mir ansehen?", fragt Max.

Emily antwortet: „Ja, Max. Ich würde gerne, aber zuerst musst du diesen Artikel ansehen."

Emily gibt ihrem Bruder den iPad. Max liest.

Die Kontroversen über die Fußballweltmeisterschaft 2022 in Katar

Zum ersten Mal wird die Fußballweltmeisterschaft in einem Land des Nahen Ostens stattfinden. Zum ersten Mal findet die Weltmeisterschaft nicht im Sommer statt. Viele Leute finden die Idee einer Weltmeisterschaft im Winter nicht gut.

Es ist wichtig, dass das Turnier in verschiedenen Teilen der Welt stattfindet, aber es heißt, dass es in Katar viele soziale Probleme gibt. Ein großes Problem ist die Situation für die Migranten, die die Infrastruktur für das Turnier bauen. Die Migranten kommen aus Indien, Bangladesch, Nepal und anderen Ländern.

Diese Leute kommen nach Katar, um Stadien, Hotels, Straßen und die U-Bahn zu bauen. Sie kommen auch, um im Dienstleistungssektor[1] zu arbeiten: Transport, Hotels, Restaurants und Sicherheit. Sie kommen nach Katar, weil sie Arbeit brauchen, aber es gibt viele Ungerechtigkeiten[2]. Es gibt ein System namens Kafala[3], das für Migranten nicht gut ist. Sie werden schlecht bezahlt, bekommen manchmal kein Geld, und arbeiten lange.

[1] Dienstleistungssektor: service sector.
[2] Ungerechtigkeiten: injustices.
[3] Kafala- a system of sponsorship in some Arab nations that attracts an immigrant workforce but requires the workers to pay recruitment fees and otherwise exploits the immigrant labor.

Eine weitere Kontroverse ist, dass LGBTQ-Personen in arabischen Ländern nicht akzeptiert werden: sie haben keinen legalen Status. Es gibt viele Leute, die das Turnier dort nicht haben wollen, weil es keine Toleranz für LGBTQ-Personen gibt.

Diese Fußballweltmeisterschaft ist anders. Es ist wichtig, alles über ein Turnier zu wissen - nicht nur über den Sport.

„Das ist schrecklich! Ich hatte keine Ahnung", sagt Max.

„Ich auch nicht. Willst du nach dem Spiel noch mehr lernen?", fragt Emily.

„Ja, Wir brauchen mehr Informationen."

Die Zwillinge sehen das Spiel an. Sie können aber nicht aufhören, an die Informationen zu denken, die sie im Artikel gelesen haben.

Kapitel 8
Die Bedingungen

"Schau, Emily! Schau dir das Video über die Arbeiter an. Es ist ein Video auf YouTube, über das Leben von Migranten in Katar."

Im Video gibt es diese Fakten:

- dies ist die erste Weltmeisterschaft in einem Land des Nahen Ostens

- es ist die erste Weltmeisterschaft im Winter

- die Menschenrechte von Migranten werden nicht respektiert

- die Kafala

- Ausbeutung von Migranten: schlechte Bedingungen, niedrige Löhne[14] und lange Arbeitszeiten

- Intoleranz gegenüber LGBTQ-Personen

---

[14] niedrige Löhne: low wages

„Ich mag diese Situation nicht, Max", sagt Emily.

„Ich auch nicht", sagt Max. „Das ist eine schreckliche Situation."

Die Zwillinge recherchieren weiter. Max liest: „Hier ist ein Artikel, in dem der deutsche Mannschaftskapitän die Situation kritisiert."

Manuel Neuer und mehrere andere europäische Mannschaftskapitäne wollen bei dem Turnier eine "One Love"- Armbinde tragen, um Toleranz gegenüber LGBTQ-Personen zu fördern.

„Fußballspieler sprechen auch über diese schreckliche Situation", sagt Max.

"Max, wir können nicht nach Katar gehen", sagt Emily.

„Was denn? Warum nicht? Emily, das ist die Weltmeisterschaft! Willst du nicht die deutsche Mannschaft sehen? Wir werden gewinnen!"

„Max, schau mal. Warum machen wir diese Schnitzeljagd?", fragt Emily.

„Um mehr über Katar zu lernen, bevor wir zur Weltmeisterschaft fahren", sagt Max und tanzt.

„Max, du bist ein Clown", sagt seine Zwillingsschwester. „Die Schnitzeljagd war Papas Idee."

Jetzt versteht Max ... „um uns die Situation in Katar klarzumachen."

„Genau, Max, natürlich wollen wir uns die WM ansehen, weil ..."

„...wir die Spiele der Gruppe E der Weltmeisterschaft sehen wollen...", sagt Max.

„...weil Deutschland das Turnier gewinnen wird, aber...", sagt Emily.

Kapitel 9
Änderung[15] des Programms

Es ist Samstag, und die Zwillinge gehen zum Sportgeschäft ihres Vaters. Ihr Vater braucht Hilfe, um den neuen Fernseher anzuschließen. Wie viele Erwachsene ist ihr Vater nicht sehr gut mit Technologie.

Max sagt: „Die Weltmeisterschaft ist normalerweise im Sommer, aber wir gehen dieses Jahr während des Turniers zur Schule. Wir dürfen die Schule nicht verpassen."

„Natürlich werden wir nicht einen Monat lang gehen, Max", sagt Emily. Sie ist immer realistischer.

„Wie lange können wir denn gehen?", fragt Max.

In diesem Moment kommen sie im Geschäft an. Es sind viele Leute im Geschäft, weil heute Samstag ist. Saïd, Max' Freund, ist mit seinem Vater da. Er und der Vater der

---

[15] Änderung: change

Zwillinge wollen den neuen Fernseher anschließen.

Der Fernseher ist riesig. Er hat ein gutes Format, um Fußballspiele zu sehen. Aber im Moment ist es nicht möglich, ihn zu benutzen.

Saïd sieht Max und Emily und ruft:

„Hallo. Könnt ihr uns helfen? Diese Erwachsenen[16] haben keine Ahnung. Ha, ha!"

„Hallo, Saïd", sagt Max. „Natürlich können wir dir helfen."

„Hallo, Papa. Hallo, Farid", sagt Emily.

„Habt ihr technische Probleme? Ha, ha!"

Dank der drei Jugendlichen ist das Problem schnell gelöst. Es gibt ein Fußballspiel. Das Spiel sieht auf dem riesigen Bildschirm super aus.

Saïd sagt: „Wow! Ein Fußballspiel auf diesem Fernseher anzuschauen? Stellt euch

---

[16] Erwachsenen: adults

vor, die Weltmeisterschaft auf diesem Fernseher zu sehen..."

„Phänomenal", sagt Max und schaut seine Schwester an.

„Du denkst das Gleiche wie ich?", fragt Emily.

„Ja!", sagt Max. „Los geht's!"

„Saïd, Max und ich müssen nach Hause gehen", sagt Emily.

„Tschüss."

Die Zwillinge rennen nach Hause. Sie haben eine neue Idee für ihren Geburtstag.

Kapitel 10
Das Projekt

Max und Emily rennen ins Haus.

„Emily! Max! Was ist denn hier los? Wo geht ihr hin?", fragt ihre Mutter.

Sie sagen nichts zu ihrer Mutter. Sie gehen, um ihre iPads zu holen. Sie haben einen Plan.

„OK", sagt Max. „Was brauchen wir für eine große Party?"

„Machen wir eine Liste?", fragt Emily.

„Gute Idee. Schreib' die Liste auf deinem iPad", sagt Max.

Emily beginnt auf dem iPad zu schreiben:

```
Liste für die Party

1. Becher
2. Teller
3. Besteck
4. Stühle
5.
6.
```

„Du bist sehr pragmatisch, Emily. Ja, wir brauchen diese Dinge, aber wir brauchen auch Essen!", sagt Max.

„Ja, und Getränke!", sagt Emily und schreibt auf, was für Essen und Getränke sie brauchen.

Eine Stunde lang diskutieren die Zwillinge und schreiben die lange Liste der Dinge auf, die sie für eine große Party brauchen.

Dann hören sie:

„Max! Emily! Kommt! Wir essen!", ruft ihr Vater.

Sie nehmen ihre iPads und gehen zum Essen.

„Ah, keine iPads am Tisch!", sagt ihre Mutter.

„Aber wir wollen euch etwas zeigen", sagt Emily.

„Was ist es?", fragt ihr Vater.

„Wir haben euch etwas Wichtiges zu sagen", sagt Max.

Ihre Eltern sehen sich an.

„Was ist es?", fragen sie sich.

„Wir wollen nicht mehr zur Fußballweltmeisterschaft nach Katar fahren", sagt Max.

„Nein?" fragt ihr Vater. „Aber ihr wolltet zur WM fahren."

„Ja, Papa. Das stimmt. Eines Tages wollen wir zur WM fahren, aber nicht dieses Jahr", sagt Emily.

„Warum? Weil ihr die Schule nicht verpassen wollt?", fragt die Mutter lächelnd.

„Ha, ha!", sagt Max. „Aber nein, weil…"

„…weil wir über Katar und die Situation der Migranten, die an der Infrastruktur für das Turnier arbeiten, recherchiert haben", sagt Emily.

„Die Infrastruktur? Ihr habt viel recherchiert?", sagt der Vater.

„Ja, die Situation für die Migranten ist schlecht. Das ist nicht fair", sagt Max. „Wir haben uns ein Video angesehen."

Ihre Eltern sehen sich an. Sie sind glücklich.

„Aber wir haben ein anderes Projekt für unseren Geburtstag", sagt Max.

„Es ist eine phänomenale Idee", sagt Emily.

Die Eltern schauen sich an. Ein Projekt? Was für ein Projekt? Jetzt sind sie nervös.

„OK. Was ist euer Projekt?", fragt die Mutter.

„Wir wollen am Tag des ersten Spiels der deutschen Nationalmannschaft während der Fußballweltmeisterschaft eine Party machen."

„Zu Hause?", fragt die Mutter nervös.

„Nein", sagt Max. „Im Geschäft, um das Spiel auf dem riesigen Fernseher zu sehen."

„Es gibt noch etwas anderes, Papa", sagt Emily.
Ihre Eltern sehen sich an. Es gibt noch etwas anderes?

„Wir wollen viele Leute einladen", sagt Emily.

„Wir wollen alle Nachbarn der Familien von Farid und Saïd und von Naoum einladen."

Ihre Eltern sehen sich an. Sie sagen nichts.

„Das ganze Viertel?", fragt ihr Vater.

„Ja, sicher!", rufen Max und Emily.

„Ja, Papa!", fragt Emily. „Das wird viel weniger kosten als nach Katar zu fahren."

„Global denken und lokal handeln, wie du uns gesagt hast", sagt Max.

„Wir haben eine Liste von allem, was wir brauchen", sagt Emily.

„Gute Idee!", sagt ihre Mutter.

„Ja, und mit einem Link zu einer Website, wo man Dinge für die Party mieten kann", sagt Emily. "Wir wollen unsere Umwelt schützen und kein Einweg-Geschirr[17] benutzen."

Die Zwillinge sind sehr stolz auf ihren Plan.

„Schaut mal!", sagt Max. Er zeigt seinen Eltern die Tabelle.

---

[17] Einweg-Geschirr - disposable dishes or cutlery

„Das ist eine gute Liste und ein super Plan", sagt ihre Mutter. „Ich bin sehr stolz auf euch."

„Ich auch. Ihr habt das mit dem Plan und der Tabelle gut gemacht. Aber noch besser ist eure Entscheidung über das Turnier und die Gründe, warum ihr nicht hinfahren wollt", sagt ihr Vater.

„Papa, eines Tages will ich die Weltmeisterschaft persönlich sehen. Aber dieses Turnier will ich mit Saïd sehen", sagt Max.

„Es gibt nicht viele Menschen wie dich, Max", sagt die Mutter.

„Es war auch Emilys Idee", sagt Max.

„Das ist eine fantastische Idee", sagt ihr Vater. „Und ich habe noch eine andere

Idee: wir könnten eine Party bei allen Spielen der deutschen Nationalmannschaft machen."

Die Zwillinge sind superglücklich. Sie werden ihren Geburtstag mit einer großen Party feiern.

Kapitel 11
Die Party 23.11.2022 14:00 USA (Eastern Time) /20:00 Deutschland/22:00 Katar (Khalifa International Stadium).

Nach der Schule rennen Max und Emily ins Geschäft, um bei der Party zu helfen.

Saïd ist im Geschäft, und sie beginnen zu dekorieren. Die Dekorationen sind schwarz, rot und gold, die Farben von Deutschlands Flagge.

Emily sagt: „Ich freue mich sehr auf die Party."

„Ich auch", sagt Max.

„Ich auch", sagt Saïd. „Danke, dass du die Idee hattest, hier eine Party zu machen."

„Danke für deine Hilfe, Saïd", sagt Max.

„Ja. Mit deiner Hilfe werden wir heute Abend viel Essen aus vielen Ländern haben", sagt Emily.

Saïd hat seine Nachbarn zur Party eingeladen. Jeder bringt Essen aus seinem Land, um es zu teilen.

„Alle sind sehr glücklich über die Party", sagt Saïd. „Sie wollen einen Teil ihrer Kultur teilen."

Die drei Jugendlichen und ihre Eltern verbringen viel Zeit, um die Kleidung, die im Geschäft verkauft wird, wegzuräumen. Das Geschäft verkauft viel Kleidung für Fußball und auch viele Fußbälle und andere Dinge. Aber für die Party braucht man viel Platz für alle.

„Das wird so toll", sagt Emily.

In diesem Moment sieht Max seine Mutter, die einen riesigen Kuchen bringt, den sie in einer Konditorei gekauft hat.

„Was ist das, Mama?", fragt Max.

„Das ist euer Geburtstagskuchen", sagt die Mutter.

„Super!", sagt Max. Er liebt Kuchen.

„Hast du vergessen, dass heute dein Geburtstag ist? Du wirst dreizehn (13) Jahre alt."

„Ich habe unseren Geburtstag natürlich nicht vergessen, aber ich wusste nicht, dass wir diesen tollen Kuchen bekommen würden", sagt Max.

„Ooooh, schau den Kuchen an", sagt Emily.

Der Kuchen hat Fußball-Dekorationen und die Farben schwarz, rot und gold.

„Danke, Mama!"

„Das wird eine tolle Party", sagt ihre Mutter.

Um 17 Uhr beginnen die Leute, in den Laden zu kommen. Es sind Algerier, Italiener, Marokkaner, Tunesier und Türken. Alle wollen das erste Spiel von Deutschland sehen.

Um 20 Uhr sagt der Moderator:

Herzlich willkommen zur Fußball-weltmeisterschaft 2022. Wir sind hier im Khalifa International Stadium in Katar. Es ist jetzt 24 Grad warm, aber im Stadion ist es kühler, weil es klimatisiert ist.

Wir wollen das Talent der Spieler der deutschen Nationalmannschaft sehen...

Als sie das Wort "Deutschland" hören, beginnen alle zu schreien: „OLE, OLE, OLE, SUPER DEUTSCHLAND, OLE!"

GLOSSAR

A

ab(räumen) - to tidy up

Abend - evening

Abendessen - evening meal

Abends - in the evenings

Aber - but

Acht - eight

äfft nach - imitates

(keine) Ahnung - (no) idea

Akzeptieren - to accept

Akzeptiert - accepted

Algerien - Algeria

Algerier - Algerian people

all(e)(n) - all

allem - of all

aller - of all

alles - everything

als - as

alt - old

Alter - age

am - on the

an - on

andere(n) - other(s)

anderes - another

anders - different

Änderung - change

Angesehen - seen

Angst - fear

Ansehen - to look at

Anschließen - to connect

Antworten - to answer

Antwortet - answers

Anzahl - number of

Anzuschauen - to watch

Arabien - Arabia

Arabischen - arabic

Arbeit - work

Arbeiten - to work

Arbeiter - workers

Arbeitet - works

Arbeitszeiten - working hours

Argentinien - Argentina

Armbinde - arm band

Armut - poverty

Artikel - article

Auch - also

Auf - on, at

Aufhören - to stop

August - August

Aus - out, out of

Ausbeutung - exploitation

Ausländer(n) - foreigners

Australien - Australia

B

(U-)Bahn -
underground train
Ball - ball
Bangladesch -
Bangladesh
Basiert - is based on
Bauen - to build
Becher - cups, mugs
Bedeutung(en) -
meaning(s)
Beenden - to end
befreundet - friends
with someone
beginnen - to begin
beginnt - begins
bei - at, by
bekommen - to get,
to receive
bekommt - gets,
receives
Belgien - Belgium
beliebt(en) - popular
beliebteste(n) - most
popular
benutzen - to use
Berechnungen -
calculations
**(Ich sage dir)
Bescheid** - (I will let
you) know
Berühmt - famous
besser(es) - better
Besteck - silverware
beteiligen (sich) -
take part in

Bevölkerung -
population
Bevölkerungsgruppen -
population groups
Bevor - before
Bezahlt - paid
Bildschirm - screen
bin - I am
bisschen - a little bit
bist - you are
Brasilien - Brazil
Brauchen - need
braucht - needs
bringt - brings
Bruder - brother

C

Clown - clown
Cricket - cricket

D

Dänemark - Denmark
dank - thanks to
danke - thanks
dann - then
darüber - about it
darf - may
das - the
dass - that
Debatte - debate
dein(e)(em)(er) -
your
Dekorationen -
decorations
dekorieren - to
decorate

dem - the
Demografie(n) – demographic(s)
den - the
denken - to think
denkst - (you) think
den - because
denselben - the same
der - the
des - of the
deshalb - therefore
deutsche(n)(r) – German
Deutschen – Germans
Deutschland – Germany
Deutschland - of Germany
DFB(Deutscher Fußballverband) – German soccer federation
dich - you
die - the
Dienstleistungssektor – service sector
dies(e)(em)(en)(es) – this
Dinge - things
dir - you
Diskussion – discussion
diskutieren - to discuss
Doha - city in Qatar

dort - there
drei - three
dreizehn - thirteen
du - you
dürfen - may

E

ein(e)(em)(en) (er)(es) – a
eingeladen - invited
einladen - invite
Einwanderer – immigrant
einwandern - to immigrate
Einwohner – residents
Einwohnerzahl – number of residents
Eltern - parents
Ende - end
endlich - finally
Endstand - final score
Entscheidung – decision
er - he
Erdöl - crude oil
Erdgas - natural gas
Ereignis - event
Erinnerung - memory
erklärt - explains
erst(e)(en) - first
Erwachsene(n) – adult(s)
es - it

Essen - food
etwas - something
euch - you guys (plural)
euer(e) - your (plural)
Euro - Euro
europäische - European

F

fahren - to drive, to ride
fair - fair
Fakten - facts
Falken - falcon
Falknerei - falconry
Familie - family
Familien - families
Fans - fans
fantastische - fantastic
Farben - colors
fast - almost
feiern - to celebrate
Fernseher - television
fertig - finished, ready
finden - to find
findet - finds
Fläche - surface area
Flagge - flag
fördern - promote
Format - format
Frage(n) - question(s)

fragen - to ask
fragt - asks
Frankreich - France
freue (mich auf) - (I am) looking forward to
Freund(e) - friend(s)
früher(en) - earlier
(zu) Fuß - on foot
Fußbälle - soccer balls
Fußballspiel(e) - soccer game(s)
Fußballspieler - soccer player
Fußballturnier - soccer tournament
Fußballweltmeisterschaft - Soccer World Cup

G

ganz(e)(en) - whole, entire
gebe - I give
Gebiet - area
Geburtstag - birthday
Geburtstagskuchen - birthday cake
gegeben - given
gegen - against
Geld - money
gehe - I go
gehen - go

gehören (nicht hierher) - (don't) belong (here)
gehst - you go
geht - she/goes
gekauft - purchased
gekocht - cooked
gelöst - solved
gelernt - learned
gemacht - made, did
gemein(e) - mean
genau - exactly
genervt - annoyed
Geografie - geography
geografische - geographical
gerne - gladly
gesagt - said
Geschäft(e)(en) – store(es)
Geschirr - dishes
geschrieben - written
gespielt - played
gesprochen - spoke
gestern - yesterday
Getränke - drinks
gewinnen - to win
gewusst - knew
Ghana - Ghana
gibt - gives
(es) gibt - there is, there are
(Herzlichen) Glückwunsch - (heartfelt) congratulations
gleich(e)(en) - same
global - global
glücklich - happy
Gold - gold
Golf - golf
Grad - degree (temperature)
groß(em)(en) - big
Gruppe - group
gut(e)(es) - good

H

habe - I have
haben - have
habt - you (plural) have
hallo - hello
handeln - act
Handy - cell phone
hast - you have
hat - has
hatte - had
hattest - you had
Hauptstadt - capital city
Haus - house
Hausaufgaben - homework
(nach) Hause - to home
(zu) Hause - at home
heiß - hot
heißt - is called
heißen - are called
Heizung - heating
helfe - I help

helfen - help
Hemisphäre - hemisphere
heraus - out
herausgefunden - found out
herzlich(en) - heartfelt
heute - today
hier - here
hierher - over here
hilf (mir) - help me
Hilfe - help
hin - there
hinfahren - drive there
hingehen - go there
holen - to get
holt (heraus) - gets out
hören - hear
Hotels - hotels
Hunger - hunger

I

ich - I
Idee - idea
ihm - him
ihn - him
ihnen - them
ihr(e)(em)(en)(er)(es) - her
im - in the
immer - always
in - in
Indien - India

Informationen - information
Infrastruktur - infrastructure
ins - in the
Instrument - instrument
intelligenteste - most intelligent
interessant(e) - interesting
interessieren - interested
interessiert - is interested
international - international
Intoleranz - intolerance
iPad(s) - iPad(s)
isst - eats
ist - is
Italiener - Italian people

J

ja - yes
Jagd - hunt
Jahr(e)(en) - year(s)
jedem - each
jeder - everyone
jetzt - now
Jugendlichen - youth
Juli - July
Junge(n) - boy(s)

K

Kafala - a system of sponsorship in some Arab nations that attracts an immigrant workforce but requires the workers to pay recruitment fees and otherwise exploits the immigrant labor.

Kamelrennen - camel racing

Kamerun - Cameroon

Kanada - Canada

kann - can

Kapitel - chapter

Katar(s) - Qatar

katarische - Qatari

kein(e)(en) - no, not a

kenne - I know

kennst - you know

kennt - knows

Khalifa - name of a soccer stadium

Kinder - children

klar - clear

Klasse - class

Klassenclown - class clown

Kleidung - clothing

Kleidungsstück - article of clothing

klein - small

Klima - climate

klimatisiert - climate controlled

kocht - cooks

kommen - come

kommt - comes

Konditorei - pastry shop

können - can

könnt - you (plural) can

könnten - could

kontroverse(n) - controversial

kosten - to cost

kritisiert - criticizes

Kroatien - Croatia

Küche - kitchen

kühler - cooler

Kuchen - cake

Kultur - culture

kulturelle - cultural

L

lächelnd - smiling

Lamm - lamb

Land - country

Landes - of the country

Ländern - countries

lang(e) - long

Leben - life

leben - live

lebt - lives

lecker - delicious

legalen - legal

Lehrerin - female teacher
lernen - learn, study
lernt - learns, studies
Leute - people
LGBTQ - LGBTQ
liebe - I love
Lieblingsklasse - favorite class
liebt - loves
liegt - is located
liest - reads
Link - link
Liste - list
Löhne - salaries
lokal (handeln) - (act) locally
los (geht's) - off we go

M

machen - to make, do
machst - you make, do
macht - s/he makes, does
mag - likes
Mal - time
Mama - mom
man - one
manchmal - sometimes
Mannschaft - team
Mannschaftskapitän(e) - team captain(s)

Marmeladenbrot - bread and jam
Marokkaner - Moroccan people
Marokko - Morocco
Mathe - math
Mazedonien - Macedonia
mehr(ere) - more
Mehrheit - majority
meine(en) - my
Menschen - people
Menschenrechte - human rights
Mexiko - Mexico
mich - me
mieten - to rent
Migranten - immigrants
Milchkaffee - milky coffee
Millionen - million
Minute(n) - minute(s)
mir - me
mit - with
Mittagessen - lunch
mitzubringen - to bring with
Moderator - moderator
möglich - possible
Moment - moment
Monat - month
morgen - tomorrow
München - Munich

muslimischen - Muslim
muss - must
müssen - must
müsst - you (plural) must
must - you must
Mutter - mother

N
nächsten - next
nach - to
Nachbarn - neighbors
Nachmittag(s) - afternoon(s)
Nahe (Osten) - Near East
Name(n) - name
namens - called
natürlich - of course, naturally
Nationalmannschaft - national team
natürlich - of course
nehmen - take
nein - no
nervös - nervous
net - nice
neu(e)(en)(er) - new
nicht - not
nichts - nothing
Niederlande - Netherlands
niedrige - low
nimmt...(teil) - takes part

noch - still
Nord - north
nördlichen - northern
normalerweise - normally
nur - only

O
oder - or
oft - often
ole - soccer chant
(Nahen) Osten - Near East
(Nahen) Ostens - of the Near East

P
paar - a few
Papa - dad
Papas - dad's
Papier - paper
Party - party
Personen - people
persönlich - personally
Pferderennen - horse races
phänonomenal(e) - phenomenal
Plan - plan
Platz - space
Polen - Poland
pragmatisch - pragmatic
pro - per

Problem(e) -
  problem(s)
(des) Programms -
  (of the) program
Projekt - project
Prozentsätze -
  percentages

Q

Quadratkilometer -
  square kilometer
qualifiziert -
  qualified

R

Rassismus - racism
Rathaus - city hall
räumen...ab - tidy up
realistischer - more
  realistic
Realität - reality
Recherche -
  research
recherchieren -
  research
recherchierst - you
  research
recherchiert -
  researches
(hat) Recht - is right
Reise - trip
Religion - religion
rennen - run
respektiert -
  respected

Restaurants -
  restaurants
riesig(en) - huge
Riyal - currency in
  Qatar
Rolle - role
rot - red
rufen - call
ruft - calls

S

sage - I say
sagen - say
sagt - says
sagte - said
Samstag - Saturday
schau - look
schauen - to watch,
  to look at
schaut - watches,
  looks at
schießt - shoots
schlecht(e)(en) - bad
schließlich -
  eventually
schnell(er) - fast(er)
Schnitzel - (usually
  pork) cutlet
Schnitzeljagd -
  scavenger hunt
schooner - nicer

schrecklich(e) -
  terrible
schreib - write

schreiben - write
schreibt - writes
schrei (nicht so) –
(don't) scream
schreien - scream
Schule - school
Schüler - pupils
schützen - protect
schwarz - black
Schweinebraten –
roast pork
Schweiz –
Switzerland
Schwester - sister
sechs - six
sehen - see
sehr - very
seid - you (plural)
are
sein(e)(em)(en)
(er)(es) –
his
seit - since
Senegal - Senegal
Serbien - Serbia
setzt sich - sits down
sicher - sure
Sicherheit - security
sie - she, they
sieht - sees
sind - are
Situation - situation
sitzen - sit
sitzt - sits
SMS - text
so - so
Sohn - son

sollte - should
sollten - should
Sommer - summer
soziale - social
Sozialkunde - Social
Studies
spülen (das Geschirr) –
wash (the dishes)
Spanien - Spain
Spiel(e) - game(s)
spielen - to play
Spieler - player
Spiels - of the game
Sport - sport
Sportarten - types of
sport
Sportgeschäft –
sports store
SportScheck - name
of a sports store
chain
Sprache - language
sprechen - speak
sprichst - you speak
spricht - speaks
spülen (das Geschirr) –
wash (the dishes)
Stühle - seats
Stadien - stadiums
Stadion - stadium
Stadtverwaltung –
city
administration
stamen - come from
stammt - comes from
(findet) statt - takes
place

stattfinden - to take place

stattfindet - takes place

Status - status

stellt (euch vor) – imagine

still - still, quiet

(das) stimmt - (that is) correct

stolz - proud

Straßen - streets

Stunde(n) - hour(s)

Stuttgart - city in Germany

suche - look for

suchen - look for

sucht - looks for

Südkorea - South Korea

super - super

Syrer - Syrian people

System - system

T

Tabelle - spreadsheet

Tafel - board

Tag - day

(eines) Tages - one day

Talent - talent

tanzt - dances

Technophile - technophile (someone who likes technology)

technische - technical

Teil - part

teilen - share

Teller - plate(s)

Tennis - tennis

teuerste - most expensive

Thema - theme

Tisch - table

Toastbrot - sliced white bread

Toleranz - tolerance

toll(e)(en)(es) - awesome

Tor(e)(en) - goal(s)

tragen - wear

Transport - transport

treffen - to meet

Tschüss - bye

Tunesien - Tunisia

Tunesier - Tunesian people

Türken - Turkish people

Turnier(s) – tournament

U

über - about, over

Uhr - o'clock

um...zu - in order to

Umwelt - environment

unabhängig(es) - independent

Unabhängigkeit – independence
und - and
Ungerechtigkeiten – injustices
uns - us
unsere(n) - our
Uruguay - Uruguay
usw - etc

V
Vater - father
Vaters - father's
(Zeit) verbringen – to spend (time)
(Zeit) vergeht – (time) goes by
vergessen - to forget
Vergleich – comparison
vergleichen - to compare
Verhinderung – prevention
verkauft - sold
(Schule) verpassen – miss (school)
verschiedenen – different
verstehen - I understand
verstehst - you understand
versteht – understands
Video - video

viel(e)(en) - lots of, many
Vielfalt - diversity
vier - four
Viertel(n) – neighborhood(s)
von - of
(Angst) vor - (afraid) of
(stellt euch) vor – imagine
vor - in front of
Vorwort - foreword

W
während - during
Währung(en) – currency(ies)
wandern...ein – immigrate
war - was
waren - were
warm - warm
warten - to wait
wartet - waits
warum - why
was - what
Website - website
Wechselkurs – foreign exchange rate
(räumt...)weg - puts away
wegzuräumen - to put away
weil - because

weiß - know(s)
weiter(e) - further
welche - which
Welt - world
Weltmeisterschaft -
World Cup
weniger - less
wenn - when, if
wer - who
werde - I will
(wir)warden - (we)
will
Wettbewerb -
competition
wichtig(e)(es) –
important
wie - how, like, as
will - want
willkommen -
welcome
willst - you want
Winter - winter
wir - we
wird - will, becomes
wirklich - really
wirst - you will
Wirtschaft -
economy
Wissen - to know
wisst - you (plural)
know
WM -
Weltmeisterschaft
wo - where
woher - from where
wollen - want
wollt - you(plural)

want
Wort(es) - word(s)
wow - wow
würde - would
wusste - knew

X
Xenophobie -
xenophobia
Xylophon -
xylophone
YouTube - YouTube

Z
Zahlen - numbers
zeigen - to show
zeigt - shows
Zeit(en) - time(s)
zu - to
zuerst - first
zum - to the
zur - to the
zusammen -
together
zusammenarbeiten -
to work together
zwölf - twelve
zwei - two
Zwilling(e)(en) –
twin(s)
Zwillingsschwester -
twin sister

ABOUT THE AUTHOR

Jennifer Degenhardt taught high school Spanish for over 20 years and now teaches at the college level. At the time she realized her own high school students, many of whom had learning challenges, acquired language best through stories, so she began to write ones that she thought would appeal to them. She has been writing ever since.

Other titles by Jen Degenhardt:

La chica nueva | *La Nouvelle Fille* | The New Girl |
Das Neue Mädchen | *La nuova ragazza*
La chica nueva (the ancillary/workbook
La invitación
volume, Kindle book, audiobook)
Salida 8 | *Sortie no. 8* | Exit 8
Raíces
La invitación
Chuchotenango | *La terre des chiens errants* | *La vita dei cani*

Pesas | Poids et haltères | <u>Weights and Dumbbells</u>
|Pesi
LUIS, un soñador | Le rêve de Luis | <u>Luis, the</u>
<u>DREAMer</u>
El jersey | <u>The Jersey</u> *| Le Maillot*
La mochila | <u>The Backpack</u> *| Le sac à dos*
Moviendo montañas | Déplacer les montagnes |
<u>Moving Mountains</u> *| Spostando montagne*
La vida es complicada | La vie est compliquée | <u>Life</u>
<u>is Complicated</u>
La vida es complicada Practice & Questions
(workbook)
El Mundial | La Coupe du Monde | <u>The World Cup</u> *|*
Die Weltmeisterschaft in Katar 2022
Quince | <u>Fifteen</u> *| Douze ans*
Quince Practice & Questions (workbook)
El viaje difícil | Un voyage difficile | <u>A Difficult</u>
<u>Journey</u>
La niñera | <u>The Nanny</u>
¡¿Fútbol...americano?! | Football...américain ?! |
<u>Soccer->Football??!!</u>
Era una chica nueva
Levantando pesas: un cuento en el pasado
Se movieron las montañas
Fue un viaje difícil
¿Qué pasó con el jersey?
<u>The Meaning You Gave Me</u>
Cuando se perdió la mochila
Con (un poco de) ayuda de mis amigos | <u>With (a</u>
<u>little) Help from My Friends</u> *| Un petit coup de main*
amical |
Con (un po') d'aiuto dai miei amici
La última prueba | <u>The Last Test</u>
Los tres amigos | <u>Three Friends</u> *| Drei Freunde | Les*
trois amis
La evolución musical
María María: un cuento de un huracán | <u>María María:</u>
<u>A Story of a Storm</u> *| Maria Maria: un histoire d'un*
orage

Debido a la tormenta | Because of the Storm
La lucha de la vida | The Fight of His Life
Secretos | *Secrets (French)* | Secrets Undisclosed
(English)
Como vuela la pelota
Cambios | *Changements* | Changes
De la oscuridad a la luz | From Darkness into Light |
Dal buio alla luce | *De la obscurité à la lumière* |
Aus der Dunkelheit ins Licht
El pueblo | The Town | *Le village*

@JenniferDegenh1

@jendegenhardt9

@PuentesLanguage &
World LanguageTeaching Stories (group)

Visit www.puenteslanguage.com to sign up to
receive information on new releases and other
events.

Check out all titles as ebooks with audio on
www.digilangua.co.

75

ABOUT THE COVER ARTIST

L-MOMENT, who is based in the United States, is an artist who loves sleeping, reading young adult novels, and making art. Her primary materials are an iPad Pro and an Apple Pencil, but she'll never disagree with using traditional materials. Her dream is to write and illustrate picture books for all ages. L-MOMENT is the illustrator's pseudonym meaning Lovely Moment.

 @L_officialmoment

ABOUT THE TRANSLATOR

Julie Young has been teaching German in Minnesota since 2005. She speaks near native German and has a deep understanding of German culture. Julie travels to German-speaking countries frequently with her students and is the International Exchange Coordinator at her school, allowing her to work with young people from many different backgrounds and cultures.

Julie is a frequent presenter at the Minnesota Council on the Teaching of Languages and Cultures (MCTLC). She will be presenting at the Central States Conference in Minneapolis in March of 2024. Julie is the author of the Comprehension-based readers *Er träumt von Amerika, Namika, Mit dem Wind in den Westen*, and *Ötzi, der Mann aus dem Eis*; numerous teachers guides; and translations and adaptations of many additional readers to German.

ABOUT THE EDITOR

Brigitte Kahn has been teaching all levels of German for 15 years in the Massapequa School District on Long Island. She has a B.A. in German and French, and an M.Ed. from Stony Brook University. Brigitte is originally from Salzburg, Austria, and regularly takes her high school students on trips to her native country. Brigitte loves collaborating with dedicated authors who bring exciting and thought-provoking stories to life and in the hands of German learners everywhere. She also greatly enjoys traveling, skiing, and reading, reading, reading!